Brèves de confinés

Jean-François LHOMME

Brèves de confinés

Des petits mots contre un grand mal

Recueil d'histoires courtes

© 2020 Jean-François LHOMME

Éditeur : BoD-Books on Demand
12-14 rond-point des Champs-Élysées, 75008 Paris
Impression : Books on Demand, Norderstedt, Allemagne

Illustration: Jean-François LHOMME

ISBN : 978-2-3222-0583-7
Dépôt légal : Mai 2020

Un grand merci à tous nos soignants, et à tous les personnels de santé, simplement.

Le jogging sera interdit de 10h00 à 19h00, je m'en fous, je suis chez moi et je mets ce que je veux.

Le masque : Tant qu'on en n'a pas il est inutile et même déconseillé, quand on en aura il sera obligatoire.

Par pitié, essayez de ne pas trop manger, sinon, on va se retaper la pub à la con « comme j'aime ».

Le nombre des verbalisés est supérieur au nombre des contaminés, ce qui prouve qu'on a plus de cons que de malades…

Pensez à essayer vos jeans de temps en temps. Le pyjama c'est traître !

Jour 8 : Nous devons prendre le confinement calmement, il y a des gens qui deviennent vraiment fous d'être enfermés. J'en parlais tout à l'heure avec le micro-onde et le grille-pain pendant que je prenais mon café, et nous étions tous les trois d'accord.

Nous sommes en guerre, mais j'ai l'impression que c'est la 7ème compagnie qui gère.

Serait-il possible d'éteindre l'éclairage public pendant la période de confinement ? Théoriquement on n'en a pas vraiment besoin !? À grande échelle, ce serait écologique et économique !

Le déconfinement aura lieu à l'horizon du 15 avril.

Horizon : ligne imaginaire qui recule au fur et à mesure qu'on s'en approche.

Un chômeur touchera 100% de son revenu, un travailleur en chômage partiel 70% et un artisan ou un commerçant 0%.

Chercher l'erreur.

Les gens qui postent tous les jours une photo de leur pain fait maison, c'est quoi votre projet ?

Vous misez sur le contrôle continu pour obtenir votre CAP boulangerie ?

LE CORONAVIRUS N'A PAS DE JAMBE POUR SE DÉPLACER,

IL UTILISE CELLES DES CRÉTINS QUI N'ONT PAS ENCORE COMPRIS.

Covid 19: 500 000 tests par semaine en Allemagne. Et nous on mate des tutos pour faire des masques dans de vieux slips.

Quelqu'un sait si on peut recommencer à prendre des douches ou s'il faut impérativement continuer à se laver les mains ?

Ce n'est pas qu'on ne t'aime pas Raoult, mais ton traitement est pratiquement gratuit, alors...

On n'a toujours pas trouvé le médoc contre le coronavirus...mais on vous prépare une purge d'après confinement dont vous vous souviendrez longtemps.

Un jour de plus sans aller courir… Ça fait 15 ans maintenant.

LES VÉTÉRINAIRES CONFIRMENT QUE LE SEUL ANIMAL QUI TRANSMET LE COVID-19 EST L'ÂNE QUI SORT DE CHEZ LUI POUR SE PROMENER SANS AVOIR BESOIN DE SORTIR.

Mon pote m'a imprimé une visière avec son imprimante 3D, ma femme m'a cousu un masque, le resto du coin file la bouffe gratuitement, j'ai acheté des gants avec une cagnotte solidaire, ma combi vient du paintball du coin et... le gouvernement nous admire.

-Quand le confinement sera terminé, qu'est-ce qui te ferait vraiment plaisir comme vacances ?

-Partir seule.

D'HABITUDE LE NETTOYAGE DE PRINTEMPS DURE JUSQU'AU MOIS DE JUIN...
J'AI FINI.
LÀ, J'HÉSITE ENTRE FAIRE RENTRER DU BOIS POUR L'HIVER OU INSTALLER MES DÉCORATIONS DE NOËL.

Drame du confinement :

En Corse, près d'Ajaccio, deux gendarmes appellent leur quartier général et demandent à parler à l'officier de garde :

« -Nous avons un problème ici, une femme vient d'abattre son mari d'un coup de fusil parce que celui-ci avait marché sur le carrelage qu'elle venait de laver.

-Vous avez arrêté la femme ? demande l'officier.

-Non...c'est pas encore sec. »

De source sûre, on sait maintenant que les masques sont finalement utiles...mais pas les palmes, ni les tubas.

-Papa ? On n'est pas censés rester à la maison?

-T'inquiète pas, nous serons rentrés à temps à la maison pour applaudir les soignants !!!

Quand on me demande quel jour on est, je fais comme Chronopost, je dis entre le 08 avril et le 15 mai.

Mon ventre de grossesse est magnifique...Le seul détail c'est que je ne suis pas enceinte.

Pour les gens qui écrivent 'sa va' ou 'comme même', les cours de CP c'est tous les matins à 9h sur France 4.

Le premier qui me parle de cahier de vacances pour cet été, je lui fous ma main dans la gueule !!!

Au moyen-âge on faisait des orgies pour célébrer la fin de la peste. Quelqu'un sait si quelque chose est prévue ?

Finalement, les Américains ne sauvent le monde que dans les films.

Je crois que le prochain défi des autorités sanitaires va être d'expliquer qu'il faut changer de masque toutes les 4 heures à des types qui changent de slip une fois par semaine.

Si je résume la situation : Pas de restos, pas de potes, pas de cinés, pas de teufs, pas de contacts…C'est comme si je m'étais remis en couple avec mon ex en fait…

Bizarrement depuis que tout le monde mange chez lui plus personne ne prend son plat en photo.

Je prédis que nous allons passer « du masque ne sert à rien » à « 135 euros pour non-port du masque obligatoire ».

Dans mon village, on lutte activement contre les Parisiens qui viennent passer le confinement ici…On a tous acheté des coqs !!!

La fête des mères va arriver. Les enfants peuvent commencer le collier de pâtes.

Que répondre aux pauvres enfants conçus en 2020 : Maman j'ai été conçu par amour ? Non par ennui...

Je ne fais pas de pain, pas de footing et pas d'apéro vidéo. J'ai l'impression de passer à coté de mon confinement.

Mon enfant m'a menacé de ne pas me parler de la journée. 3% en moi est offensé et 97 % espère qu'il tiendra sa promesse !

Les mecs qui fantasmaient pour savoir ce que les infirmières avaient sous leur blouse savent maintenant qu'elles ont des couilles…

La bonne nouvelle c'est qu'on va échapper à la kermesse de fin d'année dans les écoles.

J'AI CHANGÉ LE SYSTÈME D'ALARME DE LA MAISON. MAINTENANT IL SONNE QUAND QUELQU'UN SORT.

Du coup pour Pâques les gens vont rester chez œufs.

```
Confinement Jour 23 :Deux
copines au téléphone :

- Salut ! Alors qu'est-ce que
tu as fait de beau
aujourd'hui ?
- Ben…j 'ai été chercher le
pain, bouquiné, regardé la
télé, fait un gâteau…Ha ! Ha!
Ouai c'est ça ! Exactement
comme hier ! Ha ha …et
demain ? ben...pareil.
```

ON ÉTAIT QUAND MÊME MOINS EMMERDÉ EN 1986, QUAND LE NUAGE DE TCHERNOBYL N'OSAIT PAS PASSER LA FRONTIÈRE.

J'envie ceux dont le stress noue le ventre. Chez moi il ouvre le frigo.

On pensait qu'en 2020 il y aurait des voitures volantes. On est en train d'apprendre aux gens à se laver les mains.

J'ai besoin d'une suggestion pour les vacances de Pâques : Aix-en Cuisine, Salon-sur-Mer ou Living-en-Ré?

Ce soir, c'est le week-end. Putain ça va faire du bien deux jours de confinement après une dure semaine de confinement.

Qui aurait pu s'imaginer qu'en 2020 pouvoir se présenter à la banque avec des gants et un masque serait considéré comme normal ?

Quand je pense que l'État nous oblige à tout dématérialiser et impose la déclaration en ligne pour aujourd'hui demander à des millions de Français d'imprimer une feuille A4 tous les jours pour aller faire pisser le chien !

Je vous parie que le jour où on pourra sortir, il pleuvra.

UNE IDÉE DE JEU POUR PASSER LE TEMPS PENDANT LE CONFINEMENT : VOUS ME FAITES UN VIREMENT BANCAIRE, ET MOI JE DOIS DEVINER QUI C'EST !

Le confinement avec mes enfants, c'est comme des vacances au Club Med, sauf que je fais partie du personnel.

Confinement plus changement d'heure, ce matin, j'ai trempé mes biscottes dans le Ricard.

Cherche vélo d'appartement pour me rendre à mon télétravail.

Je suis tellement fatigué en ce moment, que j'ai cru voir passer une licorne dans le salon, mais ça devait être un dragon. Ça n'existe pas les licornes.

-Bah ? C'est fini le confinement ???
-Non non…
-Pourquoi y'a autant de gens dehors alors ?
-Avec le soleil, les vacances… Les gens oublient vite les raisons du confinement pour revenir à leurs petits plaisirs personnels…
-La beauté de l'espèce humaine dans toute sa splendeur !

Mon mari m'a énervé aujourd'hui, alors j'ai versé un peu d'eau sur le plancher devant la machine à laver. Ça fait deux heures qu'il essaie de la réparer.

Faire soi-même un mot pour sortir de chez soi… J'ai failli imiter la signature de ma mère, machinalement…

Manger, canapé, dormir, caca, sortir un peu, manger, dormir, canapé… J'ai l'impression d'être un chat.

Demain 1ᵉʳ Avril !!!
Perso à 8h je hurle dans la chambre de mes gosses que l'école a ré-ouvert et qu'on est grave en retard !!!

L'été approche et je suis mort de rire à l'idée de penser aux moustiques qui vont se demander où on est !!

Je préfère avoir une voisine infirmière qui connaît les protocoles sanitaires qu'un connard qui se ballade et infecte tout un immeuble par son manque d'hygiène.

Ça doit faire drôle aux chômeurs d'être confinés sur leur lieu de travail.

C'est l'histoire d'un mec qui voulait reconstruire Notre-Dame en 4 ans qui est incapable de trouver des masques en 4 mois !

Cette année on ne dira pas « en Avril ne te découvre pas d'un fil » mais « sois pas débile, reste à domicile » !

-Allo, t'es où ? Tellement 2019 cette question.

J'ai l'impression que ma journée consiste à manger et puis à attendre que ce soit acceptable de remanger.

Je repense à ce prof qui me disait que je ne ferai rien de ma vie en restant allongé au lit toute la journée. Eh bien je te signale qu'actuellement en faisant ça, je sauve le monde mon pote !

J'AI EU PEUR, J'AI CRU AVOIR ÉTÉ FLASHÉ PAR UN RADAR ENTRE MA CUISINE ET MON SALON. OUF, C'EST UNE AMPOULE QUI A GRILLÉ EN FAIT.

Ce matin j'ai crié : « Dépêchez vous ! on va être en retard à l'école ! »
Comme ça, juste pour ne pas perdre le rythme !

Avez-vous remarqué que depuis la fermeture des salons de beauté, les gens publient des photos d'il y a 20 ans.

Avis aux grands-parents. Vu que vos petits enfants vous manquent, à la fin du confinement, on vous les laisse 2 mois...

Cette année, le 1er Mai tombe un vendredi... Cool !!
Un long week-end...

Homme avec papier toilette cherche femme avec gel hydro-alcoolique pour confinement sérieux.

QUAND ON SORTIRA DU CONFINEMENT JE SERAI ALCOOLIQUE ET GROS, MAIS JE DIRAI : « C'EST UNE BLESSURE DE GUERRE »

Je pense qu'il faudrait tester en priorité les gens qui portent du Desigual, ça fait un moment qu'ils n'ont pas de goût.

On s'est quitté en mode raclette, on va se retrouver en mode barbecue.

-Pourquoi y a t'il écrit « nique la police » sur votre attestation madame ?
-C'est scandaleux oui, jetez moi en prison, je le mérite amplement monsieur l'agent !
-Avez-vous des enfants madame ?
-Oui j'en ai trois...
-Bien essayé, rentrez chez vous !

DU COUP, C'EST LE 15 AVRIL QU'ON APPREND QU'ON EST CONFINÉ JUSQU'AU 3 MAI ?

Aux connards qui craignent de mourir car une infirmière est leur voisine, sachez que c'est sûr, qu'un jour, sans elle, vous crèverez !

Pendant cette période de confinement, ne vous pesez pas ! Je répète, ne vous pesez pas !!

Plutôt que de changer d'heure, on ferait mieux de changer d'année.

UN VERRE DE VIN C'EST BON POUR LA SANTÉ,
LE RESTE DE LA BOUTEILLE C'EST BON POUR LE MORAL.

Cette crise sanitaire révèle que les moins payés sont les plus utiles à la société.

Dès que ce bordel sera fini, je vais me faire 4 ou 5 jours tranquilles à la maison.

Je n'ai pas de chat.
Du coup je caresse les poils de mes jambes, ça m'apaise.

Aux connards qui ne comprennent pas pourquoi les routiers roulent encore. Ton PQ, tu crois que c'est la caissière de Leclerc qui le tricote ?

Confinement jour 12 : Je me suis disputé avec moi-même. Je ne me parle plus.

Depuis le confinement, je p'tit-dej, je prends un en-cas, je déjeune, je goûte, je re-goûte, je dine, je prends un dessert et je grignote.

**J'ai sonné à ma porte…
Ça m'a fait un bien fou…**

Je suis monté sur la balance et elle a affiché : « Les rassemblements sont interdits ».

Je viens de faire un cauchemar…Ils levaient le confinement un lundi matin !!! Ne déconnez pas, faites ça un vendredi soir SVP !

École à la maison – Jour 11 : Je souhaite faire transférer les deux élèves de ma classe dans un autre établissement.

Pour le Corona à 60 ans, t'es vieux et fragile, mais pour la retraite à 60 ans t'es jeune et en pleine forme.

BEAUCOUP D'ENTRE VOUS DISPOSENT D'UN EXPERT EN CONFINEMENT À DOMICILE. EN LANGAGE COURANT, ÇA S'APPELLE UN ADO. N'HÉSITEZ PAS À LE CONSULTER.

Je reste à la maison parce que c'est pas tous les jours qu'on peut sauver la planète en pyjama.

Le plus dur avec ce confinement c'est qu'on ne peut plus se plaindre du lundi et on ne peut plus kiffer le vendredi !

Dr House résoudrait cette merde en un seul épisode !

-Je m'emmerde. Pas toi ?

-Moi aussi...je t'emmerde...

Si vous décidez de ne pas respecter les consignes, merci de signer une décharge où vous expliquez que vous ne voulez pas être soigné, ni réanimé. À un moment donné, il faut assumer jusqu'au bout...

Attention: Contrôle d'alcoolémie entre la cuisine et la salle à manger. Soyez prudent !

Et si on profitait du confinement pour apprendre à écrire « Ça va » au lieu de « Sa va » ?

-Tu fais quoi après le confinement ?

-Bah, comme tout le monde, je prépare Noël.

« Rues désertes, dernière cigarette, plus rien ne bouge. »

Le groupe Image l'avait prédit...

À la télévision, ils nous disent d'éternuer dans la Manche.

Mais moi j'habite Nice, ça fait loin, non ?

Pour me laver les mains, j'ai tourné le robinet et je me suis dit qu'un porteur du virus l'avait peut-être touché avant, donc je l'ai lavé aussi, puis tout le lavabo, le miroir, le sol des toilettes, puis c'est parti en vrille. Là, je suis en train de passer la serpillière sur le périph…

Les experts prévoient pour 2020 une hausse spectaculaire du niveau scolaire des parents.

-T'es là pour quoi toi ?

-Vol à main armée... et toi ?

-Je suis sorti acheter des olives pour l'apéro...

Dans 9 mois, pour la première fois de notre histoire moderne, chaque homme sera certain que son enfant est bien le sien...

Pas la peine de courir chez le coiffeur le 11 mai.

Ils sont fermés les lundis.

Une pensée particulière à tous les hommes qui ont dit à leur femme...Je vais le faire quand j'aurai le temps : Courage les gars.

Mauvaise nouvelle: on est dans la merde.

Bonne nouvelle, y'en aura pour tout le monde.

Entre les masques sur le visage et les 10 kg en plus, on a intérêt à porter des T-shirts avec nos prénoms quand on va sortir...

-« *Ce devrait être le 11 mai* » *(Emmanuel Macron)*

-« *mais peut-être pas* » *(Edouard Philippe)*

-« *en tout cas pas partout* » *(Christophe Castaner)*

-« *pas pour tous* » *(Jean-Marie Blanquer)*

-« *et pas tout le temps* » *(Sibeth Ndiaye)*

Je reviens du supermarché avec mon mari. On enlève nos masques. Paf ! Ce n'était pas lui ! Faites gaffe !

À toutes ces personnes qui se plaignent d'être en confinement, pensez à celles qui vont travailler tous les jours avec la peur au ventre.

Francis Lalanne viendra chanter chez tous les gens qui ne resteront pas chez eux.

Vivement je ne sais quoi, mais vivement un truc bien !

Vous savez que lorsque les gosses vont reprendre l'école et que les profs vont demander de raconter leur confinement, on va tous passer pour des poivrots !

Le ministère de l'intérieur a confirmé que les mariages étaient annulés. Cependant, pour ceux qui sont déjà mariés, c'est maintenu. Courage !

Avant, il était difficile de différencier une personne normale d'un abruti. Maintenant, il suffit d'ouvrir sa fenêtre et de le regarder se promener...

Pour ceux qui ont peur des pénuries :

Achetez également votre sapin de Noël, on ne sait jamais.

Purée !!! Aujourd'hui, je ne sais pas comment m'habiller pour trainer dans la maison, j'ai pas assez de fringues pour ça.

Je ne sais pas qui a eu l'idée de ce Loft Story national. Jour7 : J'en ai déjà marre ! Nominez-moi, je veux sortir !

22 SEPTEMBRE 2050, 6H33 : GABRIEL A OUVERT LE DERNIER PAQUET DE PAPIER TOILETTE ACHETÉ PAR SES PARENTS EN 2020.

Proposition de Sibeth pour un déconfinement progressif dans les écoles : jours pairs, les élèves, et jours impairs, les profs !

Je vais me coucher car demain matin je dois aller sur mon canapé. Bonne soirée à toutes et à tous.

Nos médecins ont convaincu la moitié de la population à se confiner, c'est au tour des vétérinaires de convaincre l'autre moitié !

Je mange trop. Je crois je suis atteint du frigovid-19.

À ce rythme là, ce n'est pas le Coronavirus qu'on va attraper.

C'est une cirrhose !!

- T'es où ?
- Dans la cuisine, et toi ?
- Dans ma chambre. Ça te dis qu'on se voit dans 1/2h pour un verre ? Dans le salon ?
- OK. Je t'appelle quand je suis dans le couloir.

L'IPhone 12 va sortir avant nous...

J'ai caché une bière dans chaque pièce de ma maison.

Ce soir je fais la tournée des bars !!

Jour 12 : Ma femme vient de me couper les cheveux.

On peut prolonger le confinement s'il vous plait ?

Si jamais vous recevez un mail comme objet 'Ding Dong', n'ouvrez pas !

Ce sont les témoins de Jéhovah qui font du télétravail.

GROSSE AMENDE POUR GÉRALD DE PALMAS QUI ÉTAIT SUR LA ROUTE TOUTE LA SAINTE JOURNÉE.

Après 2 mois sans coiffeur, 99% des blondes auront disparu de la surface de la terre…

Le confinement se passe bien. J'ai commencé à faire des lentilles farcies. C'est long à faire mais je n'ai que ça à foutre.

C'est clair que c'est beau la solidarité, mais je me demande si les gens n'en font pas un peu trop ! Hier soir par exemple, tout le monde m'a applaudi quand j'ai sorti les poubelles à 20h...

Dans trois mois ils vont nous annoncer une baisse des accidents de la route pour les mois de mars et avril. Sûrement du au 80km/h...

J'ai nettoyé ma télé avec du gel désinfectant. J'ai perdu BFMTV.

Je vous préviens, j'envisage de porter plainte envers tous ceux qui m'ont souhaité une bonne année 2020.

Au final, nous sommes tous en CDI.

Confinement à Durée Indéterminée.

Excursion d'aujourd'hui, programme :

- Départ à 8h30 de la salle de bain.
- Arrivée à la cuisine où nous prendrons un petit déjeuner.
- Après le petit déjeuner, nous visiterons les chambres.
- Ensuite nous réaliserons un atelier nettoyage.
- À 13h00, un repas au choix dans la cuisine,
- À 14h30, une sieste sur le canapé.
- Dans l'après-midi, visite du salon, où un thé chaud avec des biscuits sera servi.
- Temps libre pour parcourir les couloirs.
- Retour en fin d'après-midi.

Bon Voyage !!!

Contre le Coronavirus, je mange du Maroilles et deux gousses d'ail par jour. Aucun effet direct sur le virus, mais les gens restent à 2 mètres si je sors.

J'ai demandé à mon mari d'enlever son masque et j'ai découvert que ça fait 3 jours que je suis avec mon voisin.

Alors les parents qui ont élevé leurs gosses comme des enfants rois, ça se passe comment le confinement ?

Nouveau décret: En raison du confinement, l'heure de l'apéro est exceptionnellement avancée à 9h du matin.

Si on m'avait dit qu'un jour je devrais me signer un mot pour m'autoriser à sortir de chez moi…

Tu sais que tu as une vie sociale qui frise le néant quand le confinement ne change strictement rien à tes habitudes de vie.

Moins d'humains qui turbinent, qui polluent par leur présence tous les beaux endroits, moins de déchets de la nature...Ce sont les premières vacances pour la planète depuis le début de l'ère industrielle.

Repose toi bien mémère, profite.

Au final, le confinement se passe très bien...

On va juste finir obèse et alcoolique.

A vendre : Agenda 2020, bon état.

Plusieurs parents sont en train de découvrir que le problème ce n'est pas l'enseignant.

Quand je pense à tous ces gens qui attendent avec impatience leur rendez-vous chez l'ophtalmo pris en 2015.

TOUS LES MATINS À
10H : TOUT LE MONDE
À LA FENÊTRE AVEC
UN LANCE-PIERRES
POUR EXPLIQUER AUX
PASSANTS LE SENS DU
MOT 'CONFINEMENT'.

Pour faire les courses, ils disent qu'un masque et des gants suffisent. Ils m'ont menti!

Les autres étaient habillés!!!

Depuis quelques jours je ne reçois plus d'appel pour l'isolation à 1€.

Je m'inquiète, j'hésite à les appeler pour prendre de leurs nouvelles.

PAS DE CINÉMA, PAS DE VOYAGE, PAS DE RESTAURANTS...ARRÊTONS DE NOUS PLAINDRE !

LES PERSONNES PAUVRES VIVENT ÇA TOUTE L'ANNÉE.

Confinement Jour 39 : Je viens de me rendre compte qu'on est au jour 4.

Les Français, quand il faut descendre dans la rue, y'a personne et quand il ne faut pas y aller, ils y vont...

Une minute de silence pour les hommes infidèles qui devront rester avec leur femme pendant tout le confinement.

Ne soyez pas surpris des comportements agressifs et égoïstes, ce n'est pas le Coronavirus qui change les gens, c'est juste un révélateur de ce qu'ils sont vraiment.

-Patron, j'aimerais faire de télétravail.

-Je t'ai déjà dit non Bernard !

-Mais pourquoi ?

-Parce que tu es maçon bordel !

Moi, je vous le dis : Si les écoles restent fermées trop longtemps, les parents trouveront un vaccin avant les scientifiques.

D'habitude le matin je prends mon café au bar, ce matin je l'ai pris avec ma femme. Elle a l'air sympa.

11 mai, les Français de la zone verte parlent aux Français de la zone rouge :

"le blaireau est à l'Élysée, je répète le blaireau est à l'Élysée ".

Allez, c'est bientôt 22h, on enlève son pyjama de jour après cette grosse journée et on met son pyjama du soir.

Confinement : Je ne sais pas si nous en sortirons plus grand, mais une chose est sûre, c'est que nous en sortirons plus gros.

Une question me taraude : Y-aura t'il des masques XXL , pour les grandes gueules ?

Confinement jour 3 : Astuce pour les punitions des enfants : recopier l'attestation en 10 exemplaires.

Pour ceux qui devaient se marier ce mois-ci, la vie vous a donné une seconde chance. Saisissez là!

IMAGINEZ UNE FOIS LE COVID-19 ÉLIMINÉ,

LA CHINE LANCE LE

COVID-19 S PLUS !!

N'oublie pas, le 29 mars, on change d'heure. On pourra rester une heure de plus chez soi !!! Qu'est-ce qu'on rigole ! Quelqu'un a une corde ?

Ça pourrait être pire : Imaginez une panne d'internet avec nos enfants à la maison.

Les citadins fuient la ville!! Non ! Arrêtez ! On a des coqs qui chantent, des cloches qui sonnent et des tracteurs dégoutants !!

J'ai voulu faire comme en Italie, chanter à la fenêtre.

Je vais recommencer ce soir pour avoir la deuxième pantoufle.

Hé, viens on se confine à la mer. On achète des patates et du vin et on tient large jusqu'à cet été!!

Donc là les gens ont peur du coronavirus, du coup ils font quoi? Ils vont s'entasser dans les supermarchés et s'engueulent à 15 cm du visage!! Putain le QI moyen de cette ville ne dépasse pas 40.

À partir d'aujourd'hui, c'est 3 feuilles de PQ par personne, c'est pas Versailles ici!!

Comme tout est annulé, je suppose que toutes les factures et les emprunts sont annulés aussi.

Il faut COVID la bouteille avant le 11 mai!

Bientôt nous devrons aller chasser pour manger et je ne sais même où vivent les lasagnes.

Après avoir demandé aux chômeurs de traverser la rue,

Emmanuel Macron demande aux salariés de rester chez eux.

Je ne veux pas me vanter, mais j'avais commencé à éviter les gens bien avant le début de l'épidémie.

Non mais ! La paranoïa gagne du terrain ! Je viens de tousser devant mon ordinateur et l'antivirus a démarré...

2020 est une année unique:

Février a 29 jours, Mars a 300 jours et Avril dure 5 ans...

Avec le confinement, on va tellement avoir de sucre dans le sang qu'à la prochaine canicule, on va tous caraméliser.

Coronavirus...Toujours pas de masques, toujours pas de tests... « Dites à un technocrate ce dont vous avez besoin et il vous expliquera comment vous en passer » Coluche.

-Maman on dit « on va au coiffeur» ou « chez le coiffeur ?»

-On dit «On n'y va plus».

Pour cause de Coronavirus, mon corps de rêve de cet été est reporté à 2021. Merci de votre compréhension.

Un policier vient de m'arrêter... Il me dit vous sentez l'alcool. Je lui réponds c'est parce que vous ne respectez pas les distances de sécurité...

BON, ON DOIT FAIRE NOS MASQUES. JE VOUDRAIS SAVOIR S'IL FAUT AUSSI SE METTRE À BOSSER SUR LE VACCIN NOUS-MÊMES CAR JE N'AI PAS MON MICROSCOPE.

Pour 2021, le titre de l'hymne des Enfoirés dévoilé : « Plus loin de toi ».

En avril, ne te déconfine pas d'un fil.

Boire un canon, c'est sauver un vigneron…depuis le début du confinement, j'ai sauvé toute la profession.

L'Académie Française propose que l'expression « Quand les poules auront des dents » soit remplacée par « Quand les Français auront des masques ».

Professeur Raoult à Emmanuel Macron : -Ici vous allez rencontrer des gens compétents, ça risque de vous changer Président !

On aurait du se méfier...une année qui s'écrit 2 fois 20, forcement ça sentait la quarantaine.

Si j'ai bien compris, tant qu'on ne l'a pas attrapé, on n'est pas immunisé et tant qu'on n'est pas immunisé, on est confiné ! et on est confiné pour ne pas l'attraper...j'ai bon ?

Je me sens comme si j'avais 16 ans à nouveau. Mes cheveux sont longs, l'essence n'est pas chère et j'ai interdiction de sortir.

AUJOURD'HUI, C'EST FÉRIÉ DONC JE FÉRIEN.

Ce soir avec le Président, j'ai l'impression de passer en conseil de discipline pour savoir si j'ai été assez sage pour renvoyer mes enfants à l'école. Bizarrement, je ne le sens pas du tout.

On se croirait vraiment à Loft Story. Bonjour, ici la voix, les règles vont encore changer. Rendez-vous ce soir pour plus d'explications.

Le plus dur dans le confinement, c'est la première année.

Je ne voudrais pas paraître pessimiste, mais j'ai lancé l'épisode 1 saison 1 des « feux de l'amour ».

4ème jour de confinement, j'ai dit à mon mec d'aller faire un tour... Je paierai l'amende...

J'étais loin d'imaginer qu'un jour j'interdirai à mes parents de sortir de la maison...La roue tourne.

Le gouvernement nous dit que le déconfinement dépend de plusieurs facteurs. J'ai demandé au mien, il n'est pas au courant. On nous ment.

J'ai un nouveau collègue de bureau qui a 3 ans et demi. C'est le pire que j'ai jamais eu de ma vie ! Il se mêle de tout. Il ne bosse jamais. Il fait du bruit dans l'open-space. Il pique mes stylos sans demander et en plus de ça, il pète.

Ce matin, j'ai fait 7 minutes de tapis roulant. La police est arrivée et m'a fait descendre de la caisse du magasin.

Confinement Jour 25 : Mon groupe sanguin a changé, il est devenu A.Péritif.

«Même si le port du masque est efficace contre le Covid-19 dans les pays asiatiques, rien ne prouve qu'il soit efficace en France.» Sibeth Ndaye.

Baloo a tout compris.
Répétez après lui:

« Il en faut peu pour être heureux »

Donc le 11 mai, on ne pourra pas mettre 20 personnes dans un restaurant mais on pourra mettre 35 gamins dans une salle de 20 mètres carrés.

SAVEZ-VOUS OÙ ON TROUVE DE LA FARINE ?

Le temps met tout le monde à sa place. Chaque roi sur son trône et chaque clown dans son cirque.

Faudrait peut-être lui dire: Gilbert Montagné continue sa tournée sans s'apercevoir que les salles sont vides.

Il aura fallu un président en marche pour avoir un pays à l'arrêt.

Vaut mieux être confiné entre 4 murs qu'entre 4 planches.

Si on veut danser le 14 juillet, il faudra aller au bal masqué.

Le confinement, c'est trop bien. Tu as faim, tu manges. Tu veux jouer, tu joues. Tu veux dormir, tu dors. Tu veux sortir, tu manges...

Les masques grand public seront disponibles dans le prochain Pif Gadget (Source : Sibeth Ndiaye)

Quel parent n'a pas hurlé récemment:

« Arrête tes acrobaties, on ne peut pas se permettre d'aller aux urgences en ce moment!»

Pire que le Covid :
La Cavid !!

Instructions gouvernementales pour un déconfinement étalé dans le temps:

L'OMS vient de communiquer la fin du déconfinement de façon graduelle. Le retour à la normale s'effectuera dan l'ordre suivant :

1 : Peuvent sortir immédiatement les personnes qui regardent NRJ12 et Hanouna.

2 : Pourront sortir dans deux jours les personnes qui ont lu le livre de Nabila.

3 : Ceux qui écoutent Jul, PNL et du reggaeton pourront sortir d'ici trois jours.

4 : Ceux qui consomment des steaks de tofu, de la bière sans alcool ou du Redbull pourront sortir dans 4 jours.

5 : Les personnes qui disent "voyent", "croivent" ou "vas-y pas" pourront lever le confinement dans 5 ans.

Tous les autres doivent rester confinés, le monde a besoin d'eux.

Ils ont tenu combien de jours à Loft Story?

C'est juste pour savoir si à la sortie du confinement, on va devenir aussi con…

En avril si tu fais l'imbécile, en Mai tu seras au frais.

Si à l'école, on arrive à limiter la propagation du Covid comme on arrive à limiter la propagation des poux, faut pas s'attendre à une deuxième vague mais à un tsunami.

Je n'aurais jamais pensé envier une mouche: Là, elle vient d'entrer et de sortir par la fenêtre, comme si de rien n'était. Salope !!

DÉCONFINEMENT PROGRESSIF: CHOUETTE, CHACUN SERA LIBÉRÉ À LA DATE DE SON PROPRE ANNIVERSAIRE !!

Les douaniers belges viennent de saisir deux tonnes de papier toilette cachées dans de la cocaïne.

Un vaccin découvert en France contre le Covid 19... Après seulement 3 minutes d'écoute de Jul, le virus se suicide.

L'avantage avec les apéro-visio c'est que le crevard qui vient toujours les mains vides bah il garde les mains vides.

Quelle est la différence entre Wuhan et Las Vegas ?

Ce qui se passe à Vegas reste à Vegas.

Covid-19: Pourquoi y a t'il plus de cas en Alsace ? Essayez de prononcer
« Niederschaeffolsheim » sans postillonner!

C'est pile au moment où je me disais que la journée ne pouvait être pire que mes enfants ont découvert une flûte à bec dans le grenier.

Le pire dans tout ce merdier, c'est la pénurie de bon sens.

Confession d'un mari heureux :
« Le coronavirus est la meilleure chose qui me soit arrivée dans ma vie ! Ma femme ne veut plus voyager ! Elle n'achète plus rien, car tout vient de Chine ! Elle ne va plus au centre commercial pour éviter la foule ! Elle passe son temps avec un masque, la bouche fermée ! Ce n'est pas un virus, c'est une bénédiction. »

J'ai une idée : On remet au boulot tous ceux qui ne respectent pas le confinement puisqu'ils veulent sortir autant les faire bosser.

Quand je raconterai à mes petits enfants comment était le monde avant la crise économique de 2020 : Ah, quelle époque les enfants, y'avait des CDI, des tickets resto, des RTT, des congés payés, des 13ème mois et puis un jour , un chinois s'est fait un tacos au pangolin...

Avec le confinement va falloir que j'achète un matelas anti escarres.

Il y a un trou dans votre CV, Que faisiez-vous en 2020 ?

Je me lavais les mains.

Va falloir que ça s'arrête, on va être à cours de vanne avant d'être à cours de PQ.

-Papa, pourquoi il y a des supporters à 20h sur les balcons?

-C'est pour supporter le corps médical.

-Ils jouent contre qui?

-Le Coronavirus

-Ils vont gagner?

-Uniquement si on joue tous à domicile.

C'est vraiment la misère quand tu vois qu'il n'y a plus de PQ en magasin et que les seules boîtes restantes, c'est du cassoulet!

Je me demande si les personnes qui utilisent des toilettes sèches prennent d'assaut les scieries?

À cette allure, même à Koh Lanta, ils vont avoir plus à bouffer que nous !!!

En tous cas, pendant un mois, ils vont pouvoir en faire des colliers de pâtes vos mioches avec tout ce que vous avez acheté.

Le virus intelligent : Il vous laisse voter le dimanche, il vous contamine à partir du lundi, pas avant. Pas con ce virus.

« Pour le sauvement de la nation du pays, restons confits ». Ribéry

Le 11 mai, ouvrons les bars au lieu des écoles, pour que les mamans puissent y déposer leur mari...

Le nez va aussi dans le masque. Sinon, c'est comme porter un slip avec le petit oiseau à l'air.

L'alcool ne mène à rien... Ça tombe bien on va nulle part !!!

La nature reprend ses droits. Baleines en Méditerranée, chevreuils, sangliers dans les rues et toujours des blaireaux à l'Élysée.

C'est pourtant simple, à partir du 11 mai, l'école sera facultativement obligatoire sur la base du volontariat non bénévole.

**Comment voulez-vous que je comprenne le Covid-19.
Je n'ai pas vu les 18 premiers!**

Pendant ce confinement, les gens se prennent pour des grands chefs, des boulangers, des coachs sportifs…

C'est comme ci on regardait

« Le Confinement a un Incroyable Talent ».

On élimine 0,15 g d'alcool par litre de sang en 1h. Donc, d'après mes calculs je pourrai reprendre la voiture Samedi 14 Décembre.

Sibeth Ndiaye va interdire les appels masqués pour récupérer les masques et les donner aux soignants.

CONFINEMENT : CHRISTOPHE MAÉ VIENT D'APPRENDRE UN QUATRIÈME ACCORD.

J'ai enfin reçu mon test Covid acheté sur Wish.

Résultat, je suis enceinte.

Un cambrioleur est entré chez nous en fin d'après-midi.

Ça fait tellement longtemps qu'on ne voit personne qu'on l'a gardé pour diner.

Nous allons déconfiner en premier ceux qui roulent en Renault…Ça va relancer l'économie des dépanneurs.

«Tro contan d'avoir u mon Bak en 2020!!» Kevin, juillet 2020.

Mon corps a absorbé tellement de savon et de désinfectant que quand je vais pisser, ça nettoie la cuvette.

Ça va nous faire du bien ce petit break avant le reconfinement.

Aviez-vous remarqué que 'chauve souris' est l'anagramme de 'souche à virus'.

CONFINÉ EST ÉGAL À CUISINER, EST ÉGAL À BOUFFER ET EST ÉGAL À ATTRAPER LE GROBID-19 !

ET APRÈS ? ON REDÉMARRE LA MACHINE À DÉTRUIRE LA PLANÈTE OU ON CHANGE DE SYSTÈME ?

À l'école on s'échange facilement les poux, la gastro, la grippe…mais pas le Covid19. Bon bah tout va bien alors.

L'été et la plage me manquent tellement que j'ai écrit « love » dans la litière du chat.

Il y a un EPHAD à Paris qui n'a déclaré aucun décès:

Le Sénat, bravo aux soignants!

Coronavirus: Francis Lalanne a reversé les bénéfices de son dernier album aux soignants, soit un total de 11 euro.

Ayons une pensée émue pour le 1ᵉʳ et le 8 Mai qui avaient fait l'effort de tomber un vendredi cette année.

17h00: Ce moment où tu hésites clairement entre le goûter et l'apéro !

Lavez vous les mains, la télévision s'occupe de vous laver le cerveau.

Je déclare la saison des "c'est bon, j'en ai plein le cul de ce confinement" ouverte.

Région rouge sur le bouton rouge ...Région verte sur le bouton vert...C'est bien la 7ème compagnie qui gère!!

- **_Tu as vu l'intervention d'Édouard?_**
- **_J'ai juste vu un condensé_**
- **_Ah bon ? Parce qu'il a dansé en plus?_**

Quand un imbécile annonce un dimanche que les masques encore interdits le samedi seront disponibles en pharmacie dès le lundi, ce n'est plus de la gouvernance, c'est de la magie.

Je propose qu'à l'avenir le 11 mai devienne un jour férié pour commémorer la libération de 2020. C'est vrai, ça manque de jours fériés en mai.

1ᵉʳ Mai, un seul mot d'ordre:

Tousse ensemble, tousse ensemble !!

J'ai commencé ce confinement en me disant que j'avais 5 kilos à perdre. Je tiens bon, plus que 8 !

Chacun pourra sortir de confinement à l'âge pivot de 64 ans...

S'il a accumulé suffisamment de trimestres de confinement.

-Bonjour, je m'appelle Isabelle et je suis hydro-alcoolique depuis 3 mois.

- Bonjour Isabelle.

Les celtes avaient une tradition: Après une épidémie, ils sacrifiaient leur chef. J'dis ça, j'dis rien…

Ce matin, je dois sortir les poubelles, quelle émotion. Je ne sais pas quoi me mettre.

Et si c'était arrivé il y a 20 ans, confiné à la maison avec un Nokia 3310, 20 SMS et 2h de communication !

En ce moment, j'ai les mains tellement propres que si je donne une baffe à quelqu'un, je le stérilise !

Soyons fous, sinon on va devenir dingues!

Heureusement qu'on n'avait pas ce gouvernement lorsque le Sida est apparu, ils nous auraient demandés de tricoter des capotes...

On ouvre les magasins mais tu ne pas voir ta famille. Moi j'ai donné rendez-vous à ma famille chez IKEA, en plus il y a des fauteuils.

Koh-Rona : Réunification à partir du 11 mai.

Il y aura « un avant et un après ».

Mais pour l'instant il y a un « navrant et un pas prêt »

Y'A PAS À DIRE, CONFINÉ OU PAS CONFINÉ, UN LUNDI RESTE UN LUNDI.

J'comprends pas trop la réaction des gens avec le confinement. Ils disent qu'ils veulent retrouver la vie d'avant. Mais dans la vie d'avant ils se plaignaient déjà de tout.

A Monaco, déconfinement progressif à partir de lundi : Lundi les Bentley, mardi les Ferrari et il faudra attendre jeudi pour les Porsche.

-Sais-tu mon fils, il y a quelques années on pouvait fumer dans les bars.

-C'est quoi un bar?

-...

-Pourquoi tu pleures Papa?

À l'école, ils nous apprennent le passé simple.
Ils feraient mieux de nous apprendre le futur compliqué.

Ils doivent bien se marrer les pays étrangers quand ils voient tous ces joggeurs qu'on a chez nous et le nombre de médailles qu'on ramène des J.O.

La fin du confinement ne veut pas dire que la pandémie est terminée, mais qu'il y a de la place pour vous en réanimation.

Je suis sorti acheter du gel hydro alcoolique et je suis rentré avec une bouteille de Jack Daniel's. C'était le même prix !

Été 2025 :

-Dis maman c'est qui mon papa ?

-Aucune idée ma chérie, il portait un masque!

**Pendant deux mois
on est allé nulle part!
Et pourtant
on revient de loin...**